BEI GRIN MACHT SICH IHR WISSEN BEZAHLT

- Wir veröffentlichen Ihre Hausarbeit,
  Bachelor- und Masterarbeit

- Ihr eigenes eBook und Buch -
  weltweit in allen wichtigen Shops

- Verdienen Sie an jedem Verkauf

Jetzt bei www.GRIN.com hochladen und kostenlos publizieren

Bibliografische Information der Deutschen Nationalbibliothek:

Die Deutsche Bibliothek verzeichnet diese Publikation in der Deutschen National-bibliografie; detaillierte bibliografische Daten sind im Internet über http://dnb.d-nb.de/ abrufbar.

Impressum:

Copyright © 2018 GRIN Verlag
Druck und Bindung: Books on Demand GmbH, Norderstedt Germany
ISBN: 9783668962569

Dieses Buch bei GRIN:

https://www.grin.com/document/478169

Dominik Conrad

Planung eines Beweglichkeitstrainings

GRIN Verlag

GRIN - Your knowledge has value

Der GRIN Verlag publiziert seit 1998 wissenschaftliche Arbeiten von Studenten, Hochschullehrern und anderen Akademikern als eBook und gedrucktes Buch. Die Verlagswebsite www.grin.com ist die ideale Plattform zur Veröffentlichung von Hausarbeiten, Abschlussarbeiten, wissenschaftlichen Aufsätzen, Dissertationen und Fachbüchern.

Deutsche Hochschule für
Prävention und Gesundheitsmanagement
Hermann Neuberger Sportschule 3
66123 Saarbrücken

Einsendeaufgabe

Fachmodul:	Trainingslehre III
Studiengang:	Fitnessökonomie
Datum Präsenzphase:	05.12.2018 - 07.12.2018
Name, Vorname:	Conrad, Dominik
Studienort:	**Stuttgart**
Semester:	**WS 16**

Inhaltsverzeichnis

1 Personendaten

Tab. 1: Allgemeine Daten zur Person

Alter	18 Jahre
Geschlecht	Männlich
Körpergröße	1,82m
Körpergewicht	76kg
Trainingsmotive/Wünsche	• Fitter im Alltag werden • Allgemein sportlicher werden
Berufliche Tätigkeit	Schüler (Gymnasium)
Aktuelle und frühere sportliche Aktivitäten	Keine regelmäßigen sportlichen Aktivitäten
Zeitlicher Verfügungsrahmen	Maximal 90 Minuten bei 3 Trainingseinheiten pro Woche

Tab. 2: Daten zur Ermittlung des Gesundheitszustandes

Parameter	Erhobene Daten	Normwerte
Blutdruck	128/84 mmHg	Optimal: >120/80 mmHg Normal: 120-129/80-84 mmHg Hochnormal: 130-139/85-89 mmHg
Ruhepuls	79 Schläge/Minute	60-80 Schläge/Minute
BMI-Wert	BMI von 22,9	Normbereich für Männer im Alter von 18 Jahren: BMI von 20-25
Orthopädische/internistische Probleme/Krankheiten	keine	-
Medikamenteneinnahme/ ärztliche Behandlung	keine	-

Da die Person untrainiert ist, kann man anhand des errechneten BMI-Wertes, von einem absoluten Normalgewicht ausgehen. Der Blutdruck, sowie der Ruhepuls, liegen gerade noch im Normalbereich, stellen aber keine Risikofaktoren dar. Dass diese beiden Parameter nicht im optimalen Bereich liegen, lässt sich auf ein untrainiertes Herz-Kreislauf-System zurückführen. Des Weiteren weist die Person keine orthopädischen, wie internistischen Probleme auf und unterliegt keiner regelmäßigen Medikamenteneinnahme.

Somit sind keinerlei Risikofaktoren festzustellen, die Person lässt sich folglich uneingeschränkt trainieren.

2 Beweglichkeitstestung

Mit der Testperson wurde ein manueller Beweglichkeitstest nach Janda (2000) durchgeführt. Bei diesem Testverfahren werden 5 Muskelgruppen in verschiedenen Übungen, wie folgend erklärt, getestet.

- Brustmuskulatur (M. pectoralis major): Hierbei nimmt der zu Testende eine Rückenlage auf einer Liege ein. Die Beine werden angewinkelt (um das Becken zu fixieren) und die Füße haben Kontakt mit der Auflagefläche. Der Tester gewährleistet, durch leichten Zug mit der Hand/Unterarm, in diagonaler Richtung von der zu testenden Seite hin weg, eine Stabilisierung im Oberkörper/Brustbereich. Der zugehörige Arm ist im Schultergelenk abgespreizt und nach außen rotiert, und es besteht ein 90° Beugewinkel im Ellenbogengelenk. Als Messbereich ist die Position des Oberarmes zur Horizontalen gegeben. Während des Tests darf kein Abfälschen durch Beckeabhebung oder Hohlkreuz im Lendenwirbelsäulenbereich passieren. Durch Anwinkeln der Beine und Anspannen der Bauchmuskulatur kann dem vorgebeugt werden.

- Hüftbeugemuskulatur (speziell M. iliopsoas): Der Proband nimmt eine Rückenlage auf einer Liege ein. Das Gesäß schließt mit dem Rand der Liege ab. Beide Beine hängen vorne über. Nun wird ein Bein maximal Richtung Körper herangezogen und das andere Bein bleibt im Überhang. Hierbei beobachtet der Tester die Hüftflexion des überhängenden Beines. Die Position des Oberschenkels im Verhältnis zur Körperlängsachse, der Hüftbeugewinkel, ist hierbei der Messbereich. Zu beachten gilt, dass ein Abheben des Beckens, oder ein Hohlkreuz im Lendenwirbelsäulenbereich, das Ergebnis verfälschen, dies sollte vermieden werden. Durch den Zug am angewinkelten Bein (zur maximalen Hüftflexion) kann die Lendenwirbelsäule und das Becken größtenteils stabilisiert werden. Wenn der Proband das angewinkelte Bein selbst heranzieht, kann der Tester eine freie Hand unter die LWS des Probanden legen. Wenn dieser nun Druck auf die Hand ausübt, kann so zusätzlich eine Stabilisierung erreicht werden.

- Kniestreckmuskulatur (speziell M. rectus femoris): Der Proband nimmt eine Rückenlage auf einer Liege ein. Das Gesäß schließt mit dem Rand der Liege ab. Beide Beine hängen vorne über. Nun wird ein Bein maximal Richtung Körper herangezogen und das andere Bein bleibt im Überhang. Dieses wird durch den Tester im maximal möglichen Hüftflexionswinkel fixiert. Danach wird das Bein, durch den Tester, in den maximal möglichen Kniebeugewinkel geführt. Der Messbereich ist hierbei der Winkel zwischen Ober- und Unterschenkel. Zu beachten gilt, dass ein Abheben des Beckens oder ein Hohlkreuz im Lendenwirbelsäulenbereich das Ergebnis verfälschen, dies sollte vermieden werden. Durch den Zug am angewinkelten Bein (zur maximalen Hüftflexion) kann die Lendenwirbelsäule und das Becken größtenteils stabilisiert werden. Die Beugung im Kniegelenk darf nicht durch äußere Umstände (z.B. Rand der Liege) behindert werden.

- Kniebeugemuskulatur (Mm. ischiocrurales): Der Proband nimmt eine Rückenlage auf einer Liege ein. Das nicht zu testende Bein wird im Hüft- und Kniegelenk gebeugt und aufgestellt. Das zu testende Bein wird im Kniegelenk gestreckt und anschließend durch den Tester in die maximal mögliche Hüftflexion geführt. Die Patella bleibt bei dieser Fixierung frei! Zu beachten gilt, dass ein Abheben des Beckens oder ein Hohlkreuz das Ergebnis verfälschen, dies sollte vermieden werden. Außerdem muss das zu testende Bein stets gestreckt bleiben. Auch das angewinkelte Bein darf seine Ausgangsposition nicht verlassen.

- Wadenmuskulatur (Mm. triceps surae): Der Proband liegt in Rückenlage auf einer Liege. Das zu testende Bein ist gestreckt und das Gegenbein steht angewinkelt auf der Unterlage. Die distale Hälfte des Unterschenkels ragt über die Liege heraus. Mit der einen Hand greift der Tester den Fuß distal am Fersenbein und mit der anderen Hand von der Fußaußenkante her. Der Tester übt einen Zug über die Ferse aus und zieht distalwärts. Mit dem Daumen der anderen Hand schiebt der Tester den Vorfuß mit leichtem Druck Richtung Schienbein. (Soll der M. Soleus isoliert getestet werden, wird nach Erreichen der maximalen Dorsalextension das Kniegelenk gebeugt.) Nun versucht der Tester das Bewegungsausmaß zu vergrößern. Beachtet wird hierbei, dass kein Druck mit dem Daumen in der Mitte, sondern außerhalb der Fußsohle, am Fußrand ausgeübt wird, da sonst eine reflektorische Anspannung in der Zielmuskulatur eintritt und das Ergebnis verfälscht wird. Entscheidend bei dieser Testung ist der Zug an der Ferse, welche durch den Druck auf die Fußsohle nur ergänzt wird.

Tab. 3: Beweglichkeitstestung

Testübung	Norm-/Richtwerte	Ergebnis
Brustmuskulatur (M. pectoralis major)	Stufe 0 = Oberarm erreicht Horizontale Stufe 1 = Oberarm erreicht Horizontale durch Druck des Testers Stufe 2 = Oberarm erreicht Horizontale auch durch Druck des Testers nicht	Rechts: 0 Links: 0
Hüftbeugemuskulatur (speziell M. iliopsoas)	Stufe 0 = Oberschenkel erreicht Horizontale Stufe 1 = Oberschenkel erreicht Horizontale durch Druck des Testers Stufe 2 = Oberschenkel erreicht Horizontale auch durch Druck des Testers nicht	Rechts: 1 Links: 1
Kniestreckmuskulatur (speziell M. rectus femoris)	Stufe 0 = Unterschenkel hängt senkrecht herab Stufe 1 = Unterschenkel erreicht 90° im Kniegelenk durch Druck des Testers Stufe 2 = Unterschenkel erreicht 90° im Kniegelenk auch durch Druck des Testers nicht	Rechts: 1 Links: 1
Kniebeugemuskulatur (Mm. ischiocrurales)	Stufe 0 = Hüftflexion im Ausmaß von 90° möglich Stufe 1 = Hüftflexion im Ausmaß zwischen 80-90° möglich Stufe 2 = Hüftflexion nur unter 80° möglich	Rechts: 1 Links: 1
Wadenmuskulatur (Mm. triceps surae)	Stufe 0 = Dorsalextension bis 0° möglich Stufe 1 = Dorsalextension möglich; 0° wird nicht ganz erreicht Stufe 2 = Dorsalextension nur bis 10° unter 0°-Stellung möglich	Rechts: 0 Links: 0

Insgesamt weist der Proband eine recht gute Beweglichkeit auf. Vor allem im Oberkörper (Brustbereich) und in der Wadenmuskulatur ist er sehr beweglich, dort wurde in beiden Fällen Stufe 0 erreicht. Leichte Bewegungsdefizite ließen sich im Bereich Hüftbeugemuskulatur und Oberschenkelmuskulatur (M. rectus femoris/Mm. ischiocrurales) feststellen. Dort wurde durchweg Stufe 1 erreicht. Da der Proband relativ jung ist, weist er eine eher gute Beweglichkeit auf. Allerdings kann man schon leichte Beweglichkeitsdefizite feststellen, die einer untrainierten Muskulatur zu schulden sind. Dies würde sich mit der Zeit verschlechtern, wenn kein gezieltes Training angewandt wird.

3 Trainingsplanung Beweglichkeitstraining

Tab. 4: Trainingsplanung Beweglichkeitstraining

Übung Nr.	Übung	Zielmuskulatur	Dehnmethode
1	Dehnung der vorderseitigen Oberschenkelmuskulatur im Stand	Vierköpfiger Oberschenkelmuskel (M. quadriceps femoris	Passiv / statisch
2	Dehnung der rückseitigen Oberschenkelmuskulatur liegend	Ischiocrurale Muskulatur (Mm. ischiocrurales)	Aktiv u. passiv / dynamisch
3	Dehnung der Hüftbeugemuskulatur im Kniestand	Lendendarmbeinmuskel (M. iliopsoas) Gerader Oberschenkelmuskel (M. rectus femoris)	Passiv / statisch
4	Dehnung der Wadenmuskulatur im Stand	Zwillingswadenmuskel (M. gastrocnemius) Schollenmuskel (M. soleus)	Passiv / statisch
5	Dehnung der Rückenstrecker im Vierfüßlerstand	Autochthone Rückenmuskulatur (Mm. errector spinae)	Aktiv / statisch
6	Dehnung der Gesäßmuskulatur in Rückenlage	Großer/mittlerer/kleiner Gesäßmuskel (M. glutaeus maximus/medius/minimus	Passiv / statisch
7	Dehnung der seitlichen Rumpfmuskulatur / des breiten Rückenmuskels im Seitgrätschstand	Breiter Rückenmuskel (M. latissimus dorsi) Äußerer schräger Bauchmuskel (M. obliquus externus abdominis) Innerer schräger Bauchmuskel (M. obliquus internus abdominis)	Aktiv / statisch
8	Dehnung der Brustmuskulatur im Stand	Großer Brustmuskel (M. pectoralis major) Zweiköpfiger Oberarmmuskel (M. biceps brachii) Deltamuskel, vorderer Anteil (M. deltoideus pars clavicularis)	Aktiv / postisometrisch
9	Dehnung der Nackenmuskulatur im Stand	Trapezmuskel, oberer Anteil (M. trapezius pars descendens)	Aktiv / statisch
10	Dehnung der rückseitigen Oberarmmuskulatur im Stand	Dreiköpfiger Oberarmmuskel	Passiv / statisch

Tab. 5: Ausführung der Dehnübungen

Übung Nr.	Ausführung der Übung
1	Ausgangsposition ist der Stand, mit einer Hand wird das Bein derselben Seite (knapp über den Sprunggelenken) gefasst und gebeugt bis die Ferse auf Höhe des Gesäßes ist, Dehnung durch Kippen des Beckens und maximaler Zug der Ferse Richtung Gesäß, beide Oberschenkel verlaufen parallel, Standbein bleibt leicht gebeugt
2	Ausgangsposition der Übung ist die Rückenlage, ein Bein wird angewinkelt auf den Boden gestellt, anderes Bein wird mit Beiden Händen gefasst und gebeugt Richtung Oberkörper gezogen, nun erfolgt die Dehnung durch Kontraktion der Kniestreckmuskulatur und damit der Streckung des Beines, das Bein wird abwechselnd etwas gebeugt und wieder gestreckt, anschließend das andere Bein dehnen
3	Ausgangsposition ist der Kniestand, ein Bein vor den Körper gebeugt aufgestellt, Fuß vor dem Knie platziert, hinteres Bein liegt mit dem Unterschenkel komplett auf, Oberkörper wird mit den Händen auf dem vorderen Bein abgestützt, Dehnung durch Verlagerung des Körperschwerpunktes nach vorne unten und Absenkung des Beckens, Oberkörper bleibt aufrecht
4	Ausgangsposition der Übung ist der Stand, ein Bein wird gestreckt nach hinten gestellt und mit kompletter Sohle auf dem Boden aufgesetzt, das andere Bein ist im Kniegelenk gebeugt, Oberkörper wird leicht nach vorne gebeugt, Oberschenkel des hinteren Beines und Oberkörper bilden eine Linie, beide Füße stehen parallel zueinander und die Zehen zeigen nach vorne, durch eine Beugung im vorderen Bein wird der Körperschwerpunkt nach vorne unten verlagert, Dorsalextension und Dehnung im hinteren Bein wird dadurch vergrößert
5	Ausgangsposition ist der Vierfüßlerstand, Bauchmuskulatur wird aktiv angespannt und die Wirbelsäule (dadurch) nach oben gewölbt soweit wie möglich
6	Ausgangsposition ist die Rückenlage, ein Bein wird gebeugt aufgestellt, anderes Bein wird in der Hüfte nach außen rotiert und durch den Unterschenkel an der Vorderseite des Oberschenkels des Stützbeines platziert, Dehnung durch Greifen des Stützbeides mit beiden Händen und Heranführen Richtung Oberkörper, Unterschenkel hängt locker herunter
7	Ausgangsposition ist ein leichter Seitgrätschstand, Arme werden verschränkt und nach oben gestreckt und maximal vom Körper abgespreizt, Brustkorb bleibt aufgerichtet, Dehnung wird erreicht durch leichte Seitneigung des Oberkörpers bei gerader Beckenachse, Dehnung wird aktiven Zug nach oben und zur Beugerichtung des gegenüberliegenden Armes verstärkt
8	Ausgangsposition ist ein gerade Stand, Hände werden hinter dem Körper verschränkt, Handflächen zeigen nach innen, Dehnung durch aktives Anheben der gestreckten Arme, Haltung bleibt aufrecht, Schultern tief
9	Ausgangsposition ist ein gerader Stand, Kopf wird zur Seite geneigt, Blickrichtung bleibt gerade nach vorne, Dehnung wird eingenommen durch aktives Herunterziehen der zur Kopfneigung gegenüberliegenden Schulter, zusätzlich kann die Hand im Handgelenk nach oben gestreckt werden
10	Ausgangsposition ist ein gerader Stand, ein Arm wird im Ellenbogengelenk maximal gebeugt und neben dem Kopf fixiert, Die Hand des dazugehörigen Armes liegt auf dem oberen Rücken auf, Dehnung durch Ziehen des angewinkelten Armes und durch die andere Hand zur Körpermitte hin, Blick bleibt nach vorne gerichtet

Tab. 6: Belastungsgefüge Beweglichkeitstraining

Trainingshäufigkeit pro Woche	3x
Sätze pro Übung	3
Dehndauer	Ca. 45 Sekunden
Intensität	Bis zur „Dehngrenze"

Bei der Auswahl der Übungen des Dehnprogrammes (siehe Tab. 4), wurde darauf geachtet, möglichst alle der wichtigsten Muskelgruppen des Körpers abzudecken. Der Proband Schnitt im Beweglichkeitstest (siehe Kapitel 2, Tab. 3), in den Muskelgruppen der unteren Extremitäten, speziell Oberschenkelmuskulatur und Hüftbeugemuskulatur, im Schnitt schlechter ab. Daher wurde der Schwerpunkt des Dehnprogrammes auf diese Muskelgruppen gesetzt. Außerdem wurden die Übungen dieser Muskelgruppen an den Anfang gestellt, da diese für ihn individuell am wichtigsten sind, und deshalb als erstes trainiert werden sollten. Insgesamt wurde trotzdem darauf geachtet, die Muskelgruppen von unten nach oben zu bearbeiten. Vorwiegend wurde die statische Dehnmethode ausgewählt, da diese vor allem für Anfänger leicht erlernbar und einfach durchzuführen ist. Insgesamt kann man jedoch keine Dehnmethode exakt für eine Zielsetzung festlegen (Olivier et al., 2008, S. 247), da es bis dato noch keine wissenschaftlichen Belege hierfür gibt. Als gesichert gilt, dass ein Dehntraining die Beweglichkeit insgesamt verbessern kann, jedoch weiß man nicht, durch welche Anpassungsprozesse genau dieser Effekt erzielt wird (Schönthaler & Ohlendorf, 2002, S. 29).

Je nach Übung, wird hier die aktive oder passive Dehnform angewendet. Bei der aktiven Dehnform profitiert der Trainierende davon, dass zusätzlich zum Dehnen, die aktiv arbeitende Muskulatur gestärkt wird. Um das Training für den Beginner trotzdem interessant und abwechslungsreich zu gestalten (aber ihn nicht zu überfordern), wurde zusätzlich einmal jeweils die dynamische, sowie die postisometrische Dehnung einbezogen. Für die Dehnung der rückseitigen Oberschenkelmuskulatur (Übung 2) wurde eine dynamische Arbeitsweise gewählt, da bei dieser Übung die Dehnposition leicht eingenommen und wieder verlassen werden kann. Bei der Dehnung der Brustmuskulatur (Übung 8) wird die postisometrische Dehnung angewendet, da diese Übung relativ leicht bewältigbar ist und sich somit der Proband dieser schwierigeren Dehnmethodik leicht annähern kann.

Auch das Belastungsgefüge kann noch nicht nach wissenschaftlich fundierten Fakten gewählt werden. Hierbei habe ich mich deshalb auf aktuelle Studienergebnisse zum Thema Dehntraining beschränkt. Nach diesen Studien (Schönthaler & Ohlendorf, 2002), ist eine Dehndauer von ca. 45 Sekunden optimal, bei 3-4 Serien. Am optimalsten wäre ein tägliches Dehntraining, jedoch ist dies aufgrund des zeitlichen Verfügungsrahmens unseres Probanden nicht möglich. Daher wurde die Häufigkeit auf 3 Trainings pro Woche festgelegt. Die Intensität der Dehnung wurde bis zur Dehngrenze festgelegt. Hierunter verstehen Schönthaler und Ohlendorf (2002) den Beginn des Dehnschmerzes. Da der zu Trainierende körperlich fit ist, jedoch wenig Erfahrung mit Sport/Dehnen hat, wird nur bis zum Beginn des Dehnschmerzes trainiert. Dadurch wird er an das Dehntraining herangeführt, jedoch auch nicht überfordert. Insgesamt trägt das Dehntraining zu den Wünschen des Probanden einen großen Teil bei, da dieser durch ein regelmäßiges Dehnprogramm von vielen Vorteilen (im Alltag, sowie im sportlichen Bereich) profitieren wird.

4 Trainingsplanung Koordinationstraining

Tab. 7: Trainingsplanung Koordinationstraining

Übung	Übungsbeschreibung
Einbeiniger Stand	Die Person steht aufrecht, ein Bein wird im Kniegelenk nach hinten angewinkelt, das Gewicht verlagert sich auf das Standbein, nach der Hälfte der Zeit wird das Bein gewechselt
Einbeiniger Stand mit geschlossenen Augen	Der einbeinige Stand wird eingenommen, nun werden die Augen geschlossen, nach der Hälfte der Zeit wird das Bein gewechselt
Einbeiniger Stand und Schwingen des Gegenbeines	Der einbeinige Stand wird eingenommen, das andere Bein wird diesmal nicht angewinkelt, sondern möglichst gestreckt von vorne nach hinten und wieder zurück geschwungen, nach der Hälfte der Zeit wird das Bein gewechselt
Einbeiniger Stand und Schwingen des Gegenbeines mit geschlossenen Augen	Der einbeinige Stand wird eingenommen, die Augen werden geschlossen, das andere Bein wird diesmal nicht angewinkelt, sondern möglichst gestreckt von vorne nach hinten und wieder zurück geschwungen, nach der Hälfte der Zeit wird das Bein gewechselt
Einbeiniger Stand und Fangen + Werfen von Tennisbällen	Der einbeinige Stand wird eingenommen, nun wirft ein Trainingspartner dem Trainierenden einen Tennisball zu, dieser wirft ihn anschließend wieder zurück, dieser Vorgang wird ständig wiederholt, nach der Hälfte der Zeit wird das Bein gewechselt
Einbeiniger Stand auf einem Wackelbrett	Als Hilfsmittel wird ein Wackelbrett benutzt, der Trainierende stellt sich mit einem Bein auf das Wackelbrett und winkelt anschließend das andere Bein im Kniegelenk nach hinten an, nach der Hälfte der Zeit wird das Bein gewechselt
Einbeiniger Stand auf einem Wackelbrett mit geschlossenen Augen	Der einbeinige Stand auf dem Wackelbrett wird eingenommen, nun werden die Augen geschlossen, nach der Hälfte der Zeit wird das Bein gewechselt
Einbeiniger Stand auf einem Wackelbrett und Fangen + Werfen von Tennisbällen	Der einbeinige Stand auf dem Wackelbrett wird eingenommen, nun wirft ein Trainingspartner dem Trainierenden einen Tennisball zu, dieser wirft ihn anschließend wieder zurück, dieser Vorgang wird ständig wiederholt, nach der Hälfte der Zeit wird das Bein gewechselt
Einbeiniger Stand auf einem Wackelbrett und Fangen + Werfen von Tennisbällen von 2 verschiedenen Partnern	Der einbeinige Stand auf dem Wackelbrett wird eingenommen, nun werfen 2 unterschiedliche Trainingspartner dem Trainierenden einen Tennisball zu und dieser wirft anschließend zurück, dieser Vorgang geschieht allerdings nicht abwechselnd, der Trainierende weiß vorher nicht welcher Trainingspartner den Ball zuwerfen wird, nach der Hälfte der Zeit wird das Bein gewechselt
Balancieren auf einer „Slackline"	Der Trainierende balanciert mit beiden Beinen über eine so genannte Slackline, am Ende angekommen beginnt er wieder von vorne, kann der Trainierende das Gleichgewicht nicht halten und steigt ab, muss er auch wieder von vorne beginnen

Tab. 8: Belastungsgefüge Koordinationstraining

Trainingshäufigkeit pro Woche	3x
Sätze pro Übung	1 Satz (streng genommen bei einbeinigen Übungen 2 Sätze, direkter Bein-wechsel nach 20 Sekunden)
Belastungsdauer	40 Sekunden
Satzpausen	45 Sekunden
Trainingszeit gesamt	Knapp 15 Minuten

Für das Koordinationstraining im Sinne eines Gleichgewichtstrainings habe ich mich für die in Tab. 7 aufgezählten Übungen entschieden. Die Reihenfolge wurde so festgelegt, dass eine methodische Übungsreihe zustande kommt und der Schwierigkeitsgrad der Übungen steigt. Dies gewährleistet erste Erfolge und versucht Misserfolgen vorzubeugen (Chwilkowski, 2006, S. 56-58). Alle Übungen bauen aufeinander auf. Insgesamt wurden die Übungen so ausgewählt, dass ein Beginner diese leicht bewältigen kann. Der Proband ist Trainingsanfänger und hat wenig/keine Erfahrung mit Koordinationstraining. Gerade ein solches Training ist für Anfänger eine große Herausforderung.

Nach Neumaier und Mechling (1994) werden 6 verschiedene Druckbedingungen im Bereich Koordinationstraining unterschieden, welche zum Teil in der vorgestellten Übungsreihe wiederzufinden sind. Durch diese Druckbedingungen lässt sich das Koordinationstraining vielseitig gestalten und erschweren. Folgend zeige ich auf, wie Druckbedingungen in das Training eingebaut wurden.

- Ein Zeitdruck wurde erreicht, indem der Trainierende schnell auf den geworfenen Ball der Partner reagieren muss.

- Wenn dies nun mit 2 Partnern geschieht, welche zufällig den Ball zuwerfen, entsteht dabei ein Variabilitätsdruck.

- Im Zuge dessen wird auch ein Präzisionsdruck erreicht, da der Trainierende den Ball auch möglichst genau zurückwerfen sollte.

- Ein Komplexitätsdruck wird erreicht, indem der Trainierende erst auf das Wackelbrett stehen muss im einbeinigen Stand, dann die Augen geschlossen werden und anschließend das Bein geschwungen wird. Die Übung besteht somit aus verschiedenen hintereinander geschalteten Aufgaben, die bewältigt werden müssen.

- Ein Organisationsdruck wurde erreicht, indem der Proband einbeinig auf dem Wackelbrett steht und er gleichzeitig die Tennisbälle fangen und werfen muss. Er muss alle Aufgaben (Gleichgewicht halten, Fangen, Werfen) „organisieren".

Als letzte Übung wurde die Slackline ausgewählt, um nochmal eine andersartige Belastung einzubauen, welche trotzdem auch auf die vorigen Übungen aufbaut.

Durch Übungen, bei denen der Trainierende das Gleichgewicht halten muss und gleichzeitig aktiv einen Ball fangen und werfen muss, wird nach Häfelinger und Schuba (2007, S. 24) die Propriozeption besonders geschult. Dies verstärkt die Wirkung des Koordinationstraining erheblich.

Bei dem Belastungsgefüge des Koordinationstrainings (Tab. 8) habe ich mich an den Belastungsparametern für ein propriozeptives Training nach Chwilkowski (2006, S. 61) orientiert. Demnach sollte ein Koordinationstraining eher öfters eingeplant werden und dafür kürzer. Deshalb habe ich mich für ein dreimaliges Training pro Woche entschieden. Die Belastungsdauer beträgt 40 Sekunden und die Satzpause beträgt 45 Sekunden, um den Trainierenden nicht zu überlasten. Um das Training insgesamt nicht zu lang werden zu lassen, habe ich mich für einen Satz pro Übung (mit Beinwechsel bei einbeinigen Übungen nach der Hälfte der Zeit = 20 Sekunden) entschieden. Somit ergibt sich ein Koordinationstraining mit einer Länge von etwa einer Viertelstunde. Da der Proband Beginner ist und wenig/keine Erfahrung mit Koordinationstraining hat, ist diese Länge für den Anfang völlig ausreichend. Längere Trainingseinheiten könnten den Probanden schon überfordern, da Koordinationstraining für das menschliche Gehirn ungemein anstrengend ist.

Ziele des zu Trainierenden sind fitter im Alltag zu werden und allgemein sportlicher zu werden. Eine gut geschulte Koordination ist im Alltag, wie auch bei allen sportlichen Aktivitäten, unverzichtbar, denn sie stellt die Basis für einen gezielten Bewegungsablauf dar (Hollmann & Hettinger, 2000, S. 143).

5 Literaturrecherche zum Thema: Effekte des Dehnens auf die Bewegungsreichweite bzw. auf die Dehnungsspannung

Tab. 9: Studie 1 Effekte des Dehnens auf Bewegungsreichweite

Name der Studie:	Bewegungsreichweite, Zugkraft und Muskelaktivität bei eigen- bzw. fremdregulierter Dehnung
Wer hat die Studie durchgeführt?	Die Studie wurde durchgeführt von: • S. Glück • M. Schwarz* • U. Hoffmann • G. Wydra Sportwiss. Institut der Universität des Saarlandes, Arbeitsbereich Gesundheitspädagogik/Sportpädagogik *zusätzlich Mitarbeiter am Institut für Sport- und Präventivmedizin der Universität des Saarlandes
In welchem Jahr wurde die Studie publiziert?	Im Jahr 2002
Mit welchen Versuchspersonen wurde sie durchgeführt?	27 Sportstudenten, 25±2 Jahre, 68±10kg, 176±8cm
Wie sah der Versuchsaufbau der Studie aus?	➢ Die Studenten wurden zufällig in 3 Gruppen eingeteilt und absolvierten 3 standardisierte Testformen in randomisierter Reihenfolge ➢ Gemessen wurde die maximale Bewegungsreichweite, die Zugkraft bei konstantem Winkel der jeweils ersten maximalen Bewegungsreichweite, die maximal tolerierte Zugkraft und die Muskelaktivität des M. biceps femoris ➢ 1. Test: Direkte Eigendehnung durch selbstständiges Dehnen über einen Seilzug, Test 2: Indirekte Eigendehnung durch selbstständiges Bedienen eines Motors, Test 3: Indirekte Fremddehnung durch den Testleiter
Welche relevanten Ergebnisse und Schlussfolgerungen lieferte die Studie?	• Die maximale Bewegungsreichweite lag im Mittel bei direkter Eigendehnung 5% und damit signifikant höher als bei indirekter Eigen- und Fremddehnung • Zwischen den anderen Parametern lag kein erwähnenswerter Unterschied • Die direkte Eigendehnung scheint nach dieser Studie die beste Methode zu sein, um die maximale Bewegungsreichweite zu verbessern

Tab. 10: Studie 2 Effekte des Dehnens auf Bewegungsreichweite

Name der Studie:	Wie beeinflussen unterschiedlichen Dehnintensitäten kurzfristig die Veränderung der Bewegungsreichweite?
Wer hat die Studie durchgeführt?	Die Studie wurde durchgeführt von: • Marschall, F. • Sportwissenschaftliches Institut der Universität des Saarlandes, Arbeitsbereich Bewegungs- und Trainingswissenschaft (Leiter: Prof. Dr. Reinhard Daugs)
In welchem Jahr wurde die Studie publiziert?	Im Jahr 1999
Mit welchen Versuchspersonen wurde sie durchgeführt?	21 Versuchspersonen, 9 Frauen und 12 Männer, Alter 24,8÷3,4 Jahre, Größe 172,9±8,5cm, 66,6±11,0kg
Wie sah der Versuchsaufbau der Studie aus?	➤ In der Studie wurde das „weiche Dehnen" und das Dehnen an der Schmerzgrenze, in Form der definierten Dehnschwelle und der maximalen Dehnung, gegenübergestellt ➤ Linke und rechte Beinseite wurden differenziert behandelt ➤ Die Zuweisung der Beinseite zur Dehnintensität erfolgte randomisiert, ebenso wie die Reihenfolge der Trainingsprozedur ➤ Datenerhebung erfolge unter relativ konstanter Raumtemperatur und Luftfeuchtigkeit ➤ Durch einen Fragebogen wurden die Kontrollvariablen Motivation und subjektive Empfindlichkeit erfasst ➤ Die Untersuchung erfolgte auf einem (von Ott und Schönthaler) entwickelten Messtisch, hierbei wurde die Drehachse maschinell eingehalten und der Rest des Körpers fixiert, mit konstanter Geschwindigkeit wurde die Dehnposition der ischiocruralen Muskulatur (elektronisch gesteuert) eingenommen und maximal 2 Sekunden gehalten, die Winkelmessung erfolgte über einen digitalen Drehimpulsgeber ➤ Nach einem Eingewöhnungstest, zur Erfassung der maximalen Dehnung, wurden die Personen den Treatment-Gruppen randomisiert zugeteilt ➤ Die Prozedur beinhaltete 15 Wiederholungen ohne Pause, von der neutralen 0° Position hin zur, von der Person vorher bestimmten, Treatment-Grenze ➤ Anschließend wurde die maximale Dehnung erneut gemessen
Welche relevanten Ergebnisse und Schlussfolgerungen lieferte die Studie?	• Beide Intensitätsstufen führen kurzfristig zu einer signifikanten Verbesserung der maximal Bewegungsreichweite, • Die Differenz zwischen Vortest und Nachtest betrug bei maximaler Intensität (Schmerzgrenze) 7,24±4,19° und bei submaximaler Intensität („weiches Dehnen") 3,29±4,53° • Während der 15 Wiederholungen kommt es zu keiner Verschiebung der Dehnschwelle

6   Literaturverzeichnis

Chwilkowski, C. (2006). *Medizinisches Koordinationstraining- Verbesserung der Haltungs- und Bewegungskoordination durch Propriozeption* (2. Aufl.) Köln: Deutscher Trainer Verlag.

Glück, S., Schwarz, M., Hoffmann, U., & Wydra, G. (2002). Bewegungsreichweite, Zugkraft und Muskelaktivität bei eigen- bzw. fremdregulierter Dehnung. *Deutsche Zeitschrift für Sportmedizin, 53* (3), 66-71.

Häfelinger, U., Schuba, V. & Häfelinger-Schuba. (2007). *Koordinationstherapie – propriozeptives Training* (Wo Sport Spaß macht, 3., überarb. Aufl.). Aachen: Meyer & Meyer.

Hollmann, W. & Hettinger, T. (2000). *Sportmedizin. Grundlagen für Arbeit Training und Präventivmedizin* (4. Aufl.). Stuttgart: Schattauer.

Janda, V. (2000). *Manuelle Muskelfunktionsdiagnostik* (4. Aufl.). München: Urban & Fischer.

Marschall, F. (1999). Wie beeinflussen unterschiedliche Dehnintensitäten kurzfristig die Veränderung der Bewegungsreichweite? *Deutsche Zeitschrift für Sportmedizin, 50* (1), 5-9.

Neumaier, A. & Mechling, H. (1994). Taugt das Konzept „koordinativer Fähigkeiten" als Grundlage für sportartspezifisches Koordinationstraining? In P. Blaser, K. Witte & C. Stucke (Hrsg.), *Steuer- und Regelvorgänge der menschlichen Motorik* (S. 93-105). Sankt Augustin. Academia.

Olivier, N., Marschall, F. & Büsch, D. (2008). *Grundlagen der Trainingswissenschaft und -lehre.* Schorndorf: Hofmann.

Schönthaler, S. R. & Ohlendorf, K. (2002). *Biomechanische und neurophysiologische Veränderungen nach ein- und mehrfach seriellem passiv-statischem Beweglichkeitstraining* (Wissenschaftlichen Berichte und Materialien / Bundesinstitut für Sportwissenschaft, 1. Aufl.). Köln: Sport und Buch Strauß

7   Tabellenverzeichnis